AF279973

Astaterhikki Salonen

Kurkistuksia mielten maisemiin

Runoja

Kannen suunnittelu: Astaterhikki Salonen
Sisuksen taitto: Astaterhikki Salonen

Kustantaja: BoD – Books on Demand, Helsinki, Suomi
Valmistaja: BoD – Books on Demand, Norderstedt, Saksa

ISBN: 9789528024859

Lukijalle

Joskus vain herään aamulla ajatukseen, jonka on ihan pakko saada sanojen muoto.

Olen koonnut tämän vihkosen kansien väliin niistä joitakin vuosien matkan varrelta.

Meissä kaikissa asuu runotyttö tai -poika.
Annetaan heille mahdollisuus astua esiin.

Kiitos kaikille!

Järvenpäässä alkavan toisen koronavirusvuoden tammikuussa 2021

PALJAANA

Kokovartalopeilin edessä seisten

Näen itseni ankarin silmin

Hiusten voima on karannut

Niiden tumma kiilto on vaihtunut

Kuluneen harmaaksi

Joskus niin kirkkaat silmät

Katsovat laskeutuneiden luomien alta

Himmeän haaleina

Otsan peittävät rypyt

Posket venyvät kohti maata

Ja ryppyisen kaulan peittää

Kaksoisleuka

Riippuvat rinnat lepäävät

Paisuneen pallean ja vatsan päällä

Raskausarpien repimä alavatsa roikkuu

Valuen kohti selluliitin valtaamia reisiä

Suonikohjuiset sääret päättyvät

Jalkateriin, joiden vaivaisenluut

Törröttävät ikävästi

Muistuttaen kenkien lestivalinnoista

Kun nostan kädet

"Allini" avautuvat kuin lepakon siivet

Ja käsivarsien päässä harottavat

Nivelrikkoiset sormet

Kun katson tarkemmin

Lempein, rakastavin silmin

Näen aivojen voiman

Niiden innon keksiä uutta ja hyvää

Luoda sanoja ja lauseita

Joilla avaan oven itseeni ja

Muiden maailmoihin

Näen muistini valtavan arkiston

Sieltä ammennan tietoja, taitoja

Muistialbumin kauniit kuvat

Joista muistan auringon ja valon

Näen avaran ja täyden sydämen

Sen kammiot täynnä hyllyjä

Ja hyllyt täynnä jakamattomia

Tai palautettuja paketteja

Sydämeni varastossa on rajattomasti

Lämpöä

Lempeä

Rakkautta

Hellyyttä

Anteeksipyytämistä

Anteeksiantoa

Tässä olen

Paljaana

TÄNÄÄN

annan itselleni aikaa

olla

tunnen kehoni väsymyksen

ja aivojeni levon tarpeen

kuuntelen hengitystäni

ja tiedän olevani elossa

suljen radion ja teeveen

kytken pois puhelimen ja somen

hiljaisuus ympärilläni huokuu rauhaa

kukaan ei odota minua missään

eikä arvioi mitään suoritustani

tänään voin unohtaa omat

ja muiden odotukset

antaa itselleni luvan vain olla

tässä ja nyt

10.12.2020

TAHDOTKO?

Alttarilla sanoin "tahdon"

tuskin ymmärtäen, mitä kysyttiin

Tahdotko rakastaa

tätä tuntematonta ihmistä

myötä- ja vastoinkäymisissä?

Elämä opettaa kovalla kädellä, että

tahtomisessa kyse on vastoinkäymisistä;

ja rakastaminen voi olla

toisen tahtoon alistumista

riippumatta omasta tahdosta ja tarpeista

ja että rakastamisen tahdosta

tulee vastarakkauden saamisen ehto

Nyt tiedän - ei, luulen tietäväni -

että tahtominen yksin ei riitä,

jos rakastamiseen ei saa lupaa

ja mahdollisuutta

jos sen kohde torjuu, repii ja alistaa

Jos rakastamisen tahdosta tulee kauppatavaraa

Olen oppinut, että

Rakkaus ei elä pelkän tahdon voimalla

kukoistaakseen se tarvitsee

ravintoa, hoivaa ja hellyyttä

rakkauden osoittamista ja vastaanottamista

Olen oppinut myös

että rakkaus tulee monessa hahmossa

Rakkaus omaan lapseen ja lapsenlapseen

on sitä kauneimmillaan

se ei vaadi, ei vähättele

se vain on

eikä sitä nujerra mikään

Rakkauden olemus on kirkastunut,

kasvanut Elämän rakastamiseksi

Tahtoa riittää, kun on uskoa ja toivoa

"Niin pysyvät nämä kolme: usko, toivo, rakkaus.

Mutta suurin niistä on rakkaus"

TAHDON

ERÄÄNÄ LOKAKUUN PÄIVÄNÄ

Katselen ikkunan läpi parvekkeeni edessä

kasvavia koivuja.

Kolme.

Reunimmaisten lehdet ovat jo keltaiset ja

odottavat putoamistaan.

Maatumista.

Keskimmäinen, selvästi nuorin,

on edelleen vihreä ja

yrittää peitellä esiin puskevaa keltaista.

Minä, harmaine hapsineni,

olen ylpeä vaalentuneista hiuksistani.

Kerran ne olivat tummat ja kiiltävät.

Hulmusivat tuulessa.

Nyt ne kertovat tarinoita

elämästä

ihmisten kohtaamisesta

suruista ja iloista

onnesta ja menetyksistä.

Lokakuisen päivän harmaudessa

odotan huomisen aurinkoa

JOULU 2020

lumettomien peltojen kynnökset

törröttävät apeina

kaipaamme valkeaa joulua

tonttuja, pukkia ja poroja

korona pakottaa luopumaan

vähän taikka kokonaan

jotkut etelän lomasta

toiset jopa kuusesta omasta

eräitä ahdistaa

lahjamyynnin vähäisyys

toisia huolettaa

jouluruuan riittävyys

suomen turku sen viimein julistaa

kaikkialle maailmaan

maassa rauha ja

ihmisillä hyvä tahto

O, Helga Natt

TAMMIKUUN 19. PÄIVÄ v. 2021

Jääkiteet parvekelasissa

luovat silmien eteen satumaisen näyn

Räystään yli roikkuva lumi

pitää yllä jännitystä

Pihan reunassa puut värjöttävät

pakkasen kourissa

kevättä odottaen

On talvi

Aurinko pitää vapaapäivää

tai piilottelee pilvien suojassa

Lumihiutaleet tanssivat hiljalleen kohti maata

Hangen alle suojaan ovat jääneet

pensaat, ruohot ja koirien jätökset

Pian on kevät

Kuuntelen sydäntäni

joka pumppaa tasaisesti

Lyönti lyönniltä se takoo

iloa, terveyttä ja uskoa

Uskoa uuteen kevääseen ja

elämän jatkumiseen

Rakkautta

KORONAN SAARTAMA

Edessä sokaisevan kirkas tietokoneruutu

Pöydän toisella puolella tyhjä tuoli

Päässä tuhansia ajatuksia

Mieli täynnä sanomisen ja tunteitten jakamisen tarvetta

Meitä on maailmassa miljardeja

Ihmisiä nimittäin

Olemassa toisiamme varten

Pitämässä huolta kaikesta luodusta

Ryven itsesäälissä

Olen yksin

koronan saartamana

Samassa silmiin osuu

Yksi ihmisen tärkeimmistä matkoista on

tulla toista puolitiehen vastaan

On noustava ja lähdettävä matkaan

OODI TYÖLLE

Työ on ihana sana

se sointuu kauniina ja notkeana

sen kirjaimet hyväilevät syntyessään lausujansa huulia

sen sisältö lupaa suopeita tuulia

Sana palauttaa mieleen isän hikiset haalarit ja lippalakin

siinä soi äidin kirkas laulu navetasta, pelloltakin

Työ toimistoissa ja netissä on muuta kuin ennen

sisältö muuttunut vuosien mennen

Nyt työmme on rakentaa maailmaa

lastenlastemme rakastaa

Työ mielet kaikki kirkastaa ja

ilon pintaan nostattaa

TYÖ

ONNEA ISÄLLE, 90 V, 24.3.2004

Heikki Edvin Salonen

24.3.1914 – 26.5.2006

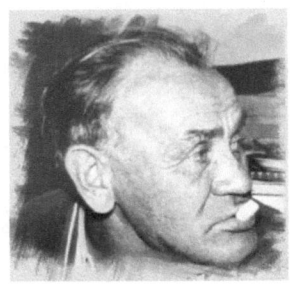

Ensimmäiset elinvuodet, 1914-21:

Kosk' on kaunis kevätpäivä

Maalispäivä, Maarian päivä

Tuo on neljäskolmatta kolmatta

Ja vuosi yhdeksäntoistaneljätoista

Kasvoi katras kohtalainen

Velijoukko vertaa vailla

Varsin vallaton,viaton

Jok' on puuhaa Pyyppölässä

Oman kunnan Ohkolassa

Tulokasta tuttavaksi

Tervetulleeksi talohon

Neljä on veljeä varalla

Kaksi siskoa sijoilla

Tuo on poika potranlainen

Vanttera veli vähäinen

Mik' on nimeksi pojalle?

Hyvän Heikin heimolainen

Seuraksi sedän sanottiin

Nimi toinen, oman moinen

Edvin, se pojalle haluttiin

Noin on nimi hienonlainen

Heikki Edvin ja Salonen

Edviniksi kutsuttihin

Tai jos kohta Eetviksi

Ekuksi, kovin on kodin oloinen

Veljeksi ihan isoksi

Pienemmille, nuoremmille

Sai Eetvi siitä siskollensa

Kahdelle velipojalle

Kun on koossa katras Kallen

Syöjät eineen Emílian

Seitsemän on potraa poikaa

Kolme siskoa somaista

Kouluun, 7 v, 1921-24

Opintielle ohjattihin

Lukemahan, laskemahan

Kanssa kasvukumppaneiden

Elon eväät etsittihin

Koulu Ahokalliossa

Oman kylän katvehessa

Tuvassa talon totutun

Ekelundin oivassa opissa

"Siitä nyt tie menevevi

Ura uusi urkenevi"

Etsi Eetvikin evästä

Itsellensä, perheellensä

Ensimmäiset ansiot, 10 v, 1924-25

Penninsä perin pahaiset

Aivan aluksi ansion

"Kurikka"-pilalehtiset

Asiamies Eetvi toi talohon

Ensimmäinen työpaikka, 12 v, 1926-28

Pesti pieni Peltomäen

Kesärengiksi repäisi

Pojan nuoren ja nokkelan

Kakstoistavuotiaan kakaran

Tammilehdon sahalla 14 v–18 v,1928-32

Neljätoistavuotiaana

Sai sanan saapua sahalle

Tammilehto tarvitsi sen

Pojan pienen, sen puhtisen

Sitten soitti saha surua

Kävi kovasti kätehen

Kävi käteen miehen nuoren

Miehen nuoren ja nopean

Kulkukauppiaana, 19 v – 25 v, 1933-39

Kosk' on kauppa kiinnostaapi

Kauppa kylille käypä

Siks' on kulkukauppiaana

Kolmipyörällä kopisti

Kunnes kutsui uudet ukset

Uuden uutuiset urakat

Rakennustöissä, 26 v – 30 v, 1940-44

Rakennusten raudoitukset

Rankat, raskahat raadannat

Tutuksi tulivat tälle

Miehelle viel' perheettömälle

Perhe ja pienviljelijä 30 v – 54 v, 1944-

Vaan viimein vaimo vyötettihin

Vanhallepojalle varattiin

Raija-Kaisa emännäksi

Emännäksi ja emoksi

Lapset siinä laitettihin

Perhe pieni päästettihin

Kolme tyttöä typyistä

Poika pieni pikkarainen

Perhettänsä kasvattavat

Pödyn pöydässä pitävät

Perusleipä pellostansa

Pienestä maapalasta

Lisukkeeksi lehmäkaupat

Loput yövartijan alasta

Maailmalla mies kun raatoi

Metsätöissä, pikitiellä

Mieli kotipuoleen kaartoi:

Voisko leivän saada siellä?

Kulkukauppiaana taas, 54 v – 65 v, 1968-1979

Koht' on kulku kauppiaaksi

Kaiken kulkukauppiaaksi

Kauniilla kotikylillä

Kylillä kotoisen kunnan

Tää on mieleen miehen moisen

Kulkukauppiaan kotoisen

Täss' on työssä toivotussa

Touhussa toki tutussa

Jaksaa jatkaa monta matkaa

Eläkepäivien eteiseen

Hyvin ansaitulla eläkkeellä, 65 v - , 1979-

Koottiin kontit kotivinttiin

Paidat, puserot purettiin

Täst' on toiset jatkakohon

Uudet uusilla urilla

Vaan vierii vuodet vuolahasti

Vuodet vikkelät valuvat

Aluks' vaimon auttajana

Autokuskina, apuna

Kunnes kauppa nuoremmille

Sukupolville sukeni

Isämme, Heikki Edvin Salonen asui koko ikänsä samalla

kotipaikalla, jossa hän syntyi 24.3.1914

Ikäisekseen virkeänä, teräväkatseisena

ja sanavalmiina hän on tuottanut meille kaikille

suurta iloa ja antanut erinomaisen esimerkin

hyvän elämän elämisestä

Isä siirtyi ajasta ikuisuuteen 92-vuotiaana 26.5.2006

Koronakeväänä 2020 veljeni Timo Salonen täytti 71 v. Kun
emme päässeet häntä karanteenin vuoksi onnittelemaan, me
siskot lähetimme pienen värssyn radion kautta

Salosen Timppa, velipooka kullankallis

täyttää lankalauantaina vuosia

Jos Yleisradio onnittelut sallis

Niin suomalaista tahtoisimme suosia

Sankari on karanteeni-iässä

Ei siis voida tulla lähelle

Hihasta on vedettävä ässä

Nämä onnittelut rakkaalle veljelle!

Lähettävät Ulla, Asta ja Auli

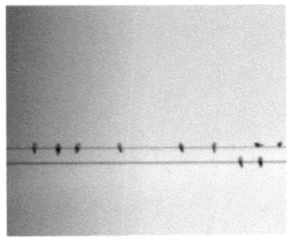

Tämä syntymäpäivä jäi veljeni viimeiseksi.

Hän lähti muuttolintujen matkaan 16.9.2020

MINÄ, TULI

olen tuli

uudessa uunissa sytyn hitaasti

saatuani otteen koivun tuohesta

leimahdan kirkkaaseen liekkiin

levitän lämpöä ympärilleni

bensan yllyttämänä roihahdan nopeasti,

takan luukkujen takana palan kuin salaa

olen tuli

palan kynttilän molemmissa päissä

haluan karata omille teilleni

liekkini on punainen ja kuuma

ennen loppua se kytee pieninä pisteinä

häivähdyksinä hiilloksessa

kun sammun, jäljelle jää tuhkaa

(Syntynyt kirjoittajakurssilla Heinäveden Valamossa kesällä
2016)